MANUAL DE COMPANIONSHIPS FILOSÓFICOS

Principios, métodos, ejercicios

I0394963

Loyev Books

MANUAL DE COMPANIONSHIPS FILOSÓFICOS

Principios, métodos, ejercicios

Segunda edición

RAN LAHAV

Traducción de Jorge Gon

Loyev Books

Hardwick, Vermont, USA

Philopractice.org/web/loyev-books

Título de la edición original en inglés: Handbook of the Philosophical Companionship (Loyev Books, 2016)
Traducción: Jorge Gon

ISBN-10: 1-947515-91-8
ISBN-13: 978-1-947515-91-8

© Ran Lahav 2016
Todos los derechos reservados por el autor
Fotografía de la portada © Ran Lahav 2016

Loyev Books
1165 Hopkins Hill Road, Hardwick, Vermont 05843, USA
philopractice.org/web/loyev-books

Contenido

Capítulo 1: Principios generales   1

Capítulo 2: Conceptos básicos   17

Capítulo 3: Aspectos prácticos   36

Capítulo 4: Procedimientos y ejercicios   47

Conclusión   67

Agradecimiento

Estoy sumamente agradecido a mis numerosos colegas y filósofos prácticos que participaron con entusiasmo en mis companionships filosóficos exploratorios, tanto online como presenciales. Sin su entusiasta participación, creatividad y amplitud de espíritu, este libro no habría sido posible.

Capítulo 1
PRINCIPIOS GENERALES

¿Qué es un companionship filosófico?

Un companionship filosófico-contemplativo, o en breve un "companionship filosófico" es un grupo de personas que se reúnen online o en persona, generalmente una vez por semana o durante un fin de semana, para contemplar, en un ambiente de compañerismo, sobre un texto filosófico. Hay que destacar que este no es un grupo de discusión común, por varias razones. Primero, tal como el término companionship insinúa, la relación entre compañeros es muy especial. A diferencia de los grupos de discusión, en los cuales los participantes expresan opiniones personales y hacen afirmaciones, los compañeros filosóficos reflexionan en unión, "resonando" el uno con el otro a la vez que con el texto. Segundo, tal como lo indica el vocablo "contemplativo", los compañeros piensan e interactúan desde los aspectos más profundos de su ser.

Más específicamente, podemos definir al companionship filosófico-contemplativo en función de tres elementos: la *actividad* del grupo, la *aspiración* que lo guía y su *objetivo* a largo plazo.

La *actividad* en un companionship está compuesta de tres características o elementos centrales:

Primero, los participantes reflexionan en torno a textos o ideas filosóficos, haciéndolo desde su profundidad interior. Piensan e interactúan no desde una parte superficial o limitada - o sea, desde sus patrones de pensamiento, opiniones o desde su mente analítica. Más bien tratan de expresar su interioridad.

Segundo, los participantes reflexionan y conversan en conjunto. En lugar de pensar *sobre* las ideas de los otros, ellos piensan los unos *con* los otros. Como músicos de jazz que resuenan al unísono y crean, mancomunados, una pieza musical, los compañeros resuenan el uno con el otro y desarrollan unidos comprensiones filosóficas. Metafóricamente hablando trabajan hombro con hombro, en lugar de alinearse frente a frente, cada uno con sus diferentes opiniones.

Tercero, los participantes se encuentran también en unión con el texto o la idea filosófica. Resuenan con él en lugar de estar de acuerdo o en desacuerdo con su contenido.

Esta actividad, con sus tres características, permite a los participantes perseguir una *aspiración* central: la aspiración por lo profundo. Es el anhelo de experimentar comprensiones profundas, apreciar su profundidad, despertar el sentido de lo profundo, y en ocasiones, dar a luz ideas profundas. Es por eso que el companionship es filosófico. La contemplación filosófica no es acerca de lo "interesante" o "entretenido" o "práctico", sino más bien acerca de entendimientos profundos. Esto es también por qué el companionship filosófico enfatiza el estar juntos. La profundidad me exige ir más allá del ser ensimismado y abrirme a los horizontes más amplios de la existencia humana, que se extiende mucho más allá del punto de vista personal. Por lo tanto y en gran medida la profundidad consistiría en "profundidad en el estar juntos".

El sentido de lo profundo tiende a conmovernos íntimamente y a despertar algo recóndito en nuestro interior. Efectivamente, el *objetivo* del companionship es despertar las dimensiones más ocultas de nuestro ser. Eso exige de los participantes salirse de su forma habitual de pensar y ser y desarrollar una actitud interior diferente, una forma distinta de ser con ellos mismos y con sus semejantes. El objetivo a largo plazo del companionship es cultivar nuestra profundidad interior, o lo que puede ser llamado la "dimensión interior".

Esos tres elementos –la actividad del grupo, su aspiración rectora y su objetivo- son los tres pilares que convierten al grupo en un companionship filosófico.

La contemplación filosófica como proceso

Contemplamos porque atesoramos ideas profundas y comprensiones en compañía. Valoramos lo profundo, así como en música apreciamos lo bello y en la cocina lo sabroso. Lo profundo es, por así decirlo, lo "bello" y el "buen gusto" de la contemplación filosófica.

Esto significa que la contemplación filosófica es ante todo un proceso, no un método para producir resultados tangibles. Lo que importa no es un punto final –una conclusión, una teoría, la solución a un problema- sino el proceso en sí. Si este proceso produce satisfacción, esta proviene de los momentos de profundización y compañerismo a lo largo de la sesión.

En este respecto un encuentro de companionship filosófico se parece más a un concierto de música que a una sesión de consejería. En consejería lo que importa es el resultado final: más confianza en uno mismo, una mejor conducta funcional, relaciones familiares mejoradas, una mayor autoestima por parte del consultante. Si, por ejemplo, al final de la sesión la ansiedad del consultante se ve reducida, entonces ésta ha resultado exitosa. Por lo tanto las sesiones de consulta son un camino a un destino anhelado. El camino a seguir no tiene importancia en sí mismo – puede ser acortado, o incluso evitado-, si es posible conseguir el mismo resultado por otro método.

En cambio, un concierto no tiene la intención de producir un resultado final para llevar a casa después de finalizado. No tiene sentido preguntar como un concierto produciría el mismo resultado de una forma más rápida. Asistimos a un concierto para sentirlo minuto a minuto, no para traer un buen resultado. El concierto en su totalidad es relevante y no algún producto que aparece al final.

Esto es cierto también respecto a los companionships filosóficos. Lo que tiene significado en un companionship son los preciados y profundos momentos a lo largo de la sesión, las comprensiones profundas en compañía, las experiencias momentáneas de trascender nuestro pequeño ser, los destellos de comprensión que surgen de nuestro recóndito interior, los arrebatos ocasionales de inspiración o plenitud. No hace falta decir que no todos los momentos en un companionship son así. Algunos son profundos e intensos; otros no tanto. No podemos esperar que una sesión de companionship sea un éxtasis ininterrumpido. Ciertamente la mayoría de los momentos de una sesión son preciados no porque se siente bien o por su intensidad, sino porque son parte de un movimiento total hacia nuestra profundidad interior. Lo que nos motiva en un companionship es el anhelo de tocar lo profundo y a través de él, la dimensión interior, el fundamento de nuestra existencia. Esta añoranza es, básicamente, el Eros o amor platónico. Y como en cada historia de amor, no todos los momentos son iguales, no todos están colmados de excitación.

Además de los momentos significativos en la sesión, los companionships filosóficos tienen un impacto a largo plazo. También en este aspecto los companionships se asemejan a un concierto. A lo largo de meses y años los conciertos pueden desarrollar nuestras sensibilidades y comprensión musical. Cuanto más escuchemos la música, más profunda será la apreciación en el futuro, incluso si esta no es la razón por la cual asistimos a un concierto. De modo similar, los companionships filosóficos también pueden llegar a tener un impacto a largo plazo sobre nosotros. Pueden ayudar a desarrollar nuestras sensibilidades filosóficas y nuestra apreciación de lo profundo, mejorar nuestra habilidad de contemplar en compañía y a cultivar nuestra dimensión interior. Al experimentar más ejercicios contemplativos nuestras aptitudes y sensibilidades contemplativas tendrán probabilidades de mejorar, aún si ése impacto a largo plazo no es el motivo por el cual atendemos la sesión.

Aquí podemos comparar a una sesión de companionship con una plegaria. No rezamos para mejorar nuestras habilidades futuras sino porque el rezo es en sí mismo significativo: es un modo de dirigirnos a una realidad última. Pero esto no se opone a que con el tiempo mejoremos y que nuestra oración se vuelva más profunda, más enfocada y potente. Un companionship es valioso por razones semejantes. También éste nos facilita vincularnos con lo profundo de nuestro ser pero a largo plazo puede llegar a mejorar nuestras capacidades por medio de la práctica y la experiencia.

Podremos afirmar por lo tanto que una sesión de companionship filosófico es como un rezo – pero un rezo sin dogmas, sin escrituras sagradas, sin iglesia ni instituciones, sin autoridades religiosas, sin una imagen de Dios. Es un dirigirse desde uno mismo hacia lo profundo de la existencia, hacia la dimensión interior. Y a largo plazo puede despertar nuestra profundidad interior y cultivarla.

Autotransformación en la historia de la filosofía

Cuando cultivamos la profundidad interior, cambiamos la actitud respecto a nosotros y a la realidad. Por ello el objetivo a largo plazo del companionship filosófico es transformarnos a nosotros mismos: ir más allá de nuestros patrones y estructuras psicológicas hacia dimensiones mayores de nuestra existencia. Eso no quiere decir, por supuesto, que esperamos librarnos de toda limitación psicológica. Después de todo somos seres humanos y abolir nuestra propia psicología no es posible ni deseable. Pero por medio del trabajo constante para cultivar nuestra profundidad interior, podremos desarrollar gradualmente la habilidad de superar nuestro ser habitual y a veces ser más que nuestros patrones psicológicos. Esta es una experiencia de liberación interna y plenitud interior, como la de un prisionero que sale de su celda a un vasto panorama, aunque sea por algunos momentos.

La meta de la autotransformación no es algo tan fantástico como aparenta ser. En realidad está en el espíritu de la filosofía occidental. A lo largo de la historia muchos filósofos importantes mantuvieron que la filosofía tiene la capacidad de transformarnos para una vida más profunda y más completa.

Platón, por ejemplo, en su Alegoría de la Caverna, sugirió que el objetivo de la filosofía es sacarnos de la oscura caverna en la que estamos encarcelados, hacia el sol del bien, la belleza y la verdad. Los antiguos estoicos utilizaban la reflexión filosófica para tratar de liberarse de vínculos emocionales, encontrar la "guía interna" racional dentro de cada uno, y desarrollar una actitud de tranquilidad y armonía con el cosmos. Spinoza nos dice que a medida que avanzamos en el entendimiento filosófico progresamos en dirección al bendito estado de "amor intelectual de Dios". La filosofía de Jean-Jacques Rousseau nos muestra en qué medida estamos alienados de nosotros mismos y cómo podemos conectarnos con nuestro ser natural interior. Friedrich Nietzsche nos inspira a superar nuestro pequeño ser hacia la noble vida del *Übermensch* (el Superhombre). Ralph Waldo Emerson nos llama a abrirnos a las fuentes elevadas de inspiración, a las que denomina "la supra-alma". La filosofía poética de Henri Bergson busca desarrollar en nosotros una apreciación intuitiva de nuestra más profunda y holística vida interior. La lista continúa. Yo denomino a esos filósofos "pensadores transformacionales".

Es interesante señalar que estos filósofos transformacionales pertenecieron a escuelas filosóficas diversas y a diferentes periodos históricos. Usaron conceptos distintos y concibieron la condición humana de modos muy diferentes. Sin embargo a todos los une un tema común: la idea de la autotransformación. Todos comparten la comprensión de que nuestra vida cotidiana es limitada y superficial, y que la filosofía puede ayudarnos a superar esa prisión para lograr una vida más llena, más rica y más profunda.

No todos esos pensadores otorgaron a la filosofía el mismo rol en el proceso de autotransformación. Algunos, como los estoicos, mantenían que ejercicios filosóficos tenían la capacidad de transformarnos. Otros, como Jean-Jacques Rousseau, creían que la filosofía puede mostrarnos el camino a la autotransformación, si bien el proceso no tiene que ser necesariamente filosófico. Algunos más, como Henri Bergson, pensaban que la filosofía puede enseñarnos a ver la vida con mayor sensibilidad; o, como Nietzsche, que la filosofía puede inspirarnos a trabajar en dirección al cambio en uno mismo. A pesar de esas diferencias todos están de acuerdo en que la filosofía abstracta no es suficiente. Si buscas la autotransformación, tienes que hacer más que discutir la vida en abstracto. Debes practicar y ejercitar, reflexionar conocimientos filosóficos y esforzarte para modificar tu actitud interior.

El companionship filosófico pertenece a esta tradición histórica de auto-transformación. En forma semejante a los pensadores transformacionales otorga a la filosofía una función transformativa: mostrarnos cómo trascender nuestra forma limitada de vivir, inspirarnos a buscar nuestra profundidad interior, enseñarnos herramientas de cambio individual y ayudarnos a despertar nuestra dimensión interior. Igual que los filósofos transformacionales, los companionships filosóficos no se limitan al análisis lógico, el intercambio de opiniones y conversaciones teóricas. Incorporan elementos importantes de la práctica real.

Pero así como los filósofos transformacionales tienen concepciones diferentes de la transformación, los companionships filosóficos también poseen su enfoque especial, o, para ser más precisos, se niegan a seguir un planteamiento único. En oposición a los pensadores tradicionales que pretendían aplicar su doctrina a todo el mundo, los companionships filosóficos no adoptan un solo punto de vista. No tienen una teoría pre-elaborada sobre la naturaleza humana y sobre cómo debemos transformarnos. Más bien alientan a los participantes a explorar sus senderos individuales, cada uno a su modo.

La génesis del companionship filosófico

El companionship filosófico nació en el contexto del movimiento de la práctica filosófica. Éste reúne a filósofos de diferentes partes del mundo que sostienen que la filosofía es relevante para las personas comunes y corrientes. La filosofía no es sólo para académicos y cursos universitarios, sino también para María, la conductora de autobuses, y para Juan, el empleado bancario. Es relevante para la vida porque se ocupa de cuestiones básicas de la vida, y esas cuestiones aparecen en la vida de cada persona: ¿Qué es el amor verdadero? ¿Cuáles son mis obligaciones morales? ¿Dios existe? ¿Cómo puedo darle sentido a mi vida?

Desde el comienzo del movimiento a principios de la década de los 1980, los filósofos prácticos han empleado dos formatos principales: uno, la consejería individual, en la que el consejero filosófico se reúne con el consultante durante varias sesiones de asesoramiento. Ambos discuten los problemas y preocupaciones personales del consultante, tal como se realiza en la sesión de asesoramiento psicológico, pero utilizando herramientas filosóficas. El segundo formato utilizado por los filósofos prácticos es el grupo de discusión, incluidos los denominados "Café filosófico" y "Diálogo socrático". Durante muchos años estos fueron los modelos principales. Han sido parcialmente exitosos y nunca atrajeron un número amplio de clientes.

En mi opinión, ninguno de esos formatos es ideal para la visión de la práctica filosófica, ambos son insuficientes y no consiguen el potencial de la filosofía de tocar la vida. Los grupos de discusión filosófica son debates impersonales y como tales su habilidad de ser relevantes es limitada. La consejería filosófica pone el foco en problemas y preocupaciones personales, en lugar de abordar cuestiones filosóficas de la vida. Tienen por objetivo que los consultantes se sientan bien y que funcionen mejor; no están dirigidos a la comprensión y la sabiduría, que es el anhelo de la filosofía. O sea, no es una actividad plenamente filosófica.

Esto no pretende menospreciar estos dos formatos. Si ayudan a pensar, si conducen a la autorreflexión y abordan problemas personales, eso es maravilloso. Pero no parecen ser el mejor vehículo para concretar la visión de la práctica filosófica de tocar la vida y elevarla.

El companionship filosófico está destinado a funcionar como un tercer formato de práctica filosófica, uno que pone el énfasis en lo filosófico y no tanto en la asesoría, y que es más personal que los grupos de discusión. Actualmente este formato es promovido por Agora (philopractice.org), el lugar de encuentro en línea de filósofos prácticos de todo el mundo. Pero el proyecto de Agora no fue el primero en explorar este formato. Ya existieron intentos previos de experimentar con companionships que combinaban el filosofar con la contemplación.

En el año 2005 dirigí junto con José Barrientos un retiro de "filosofía contemplativa". Se llevó a cabo en el sur de España y participaron 14 filósofos de varios países. Fue un evento igualitario en el que cada participante contribuyó con su propia sesión. Las actividades parecían promisorias, pero carecían de un foco preciso. No entendíamos cabalmente lo que estábamos haciendo.

En 2006 reuní a un grupo de filósofos prácticos provenientes de varios países europeos. Juntos iniciamos un "companionship filosófico" internacional. Nos reunimos dos veces: primero en Florencia, Italia, en un encuentro organizado por Neri Pollastri y el segundo en Dinamarca, organizado por Finn Hansen. Ambos fueron interesantes, pero nuevamente no estuvo suficientemente desarrollada la concepción de lo que estábamos haciendo. Queríamos encontrar una nueva manera de llevar a cabo la práctica filosófica y teníamos la esperanza de que nuestra visión se aclararía por sí misma durante nuestras reuniones. Sin embargo esto no se concretó. Por un tiempo continuamos estando en comunicación online, pero el grupo se desvaneció después de algunos meses.

Mi conclusión de esos experimentos fue que es necesario desarrollar una visión más clara del companionship filosófico - sus objetivos, principios y procedimientos. Las ideas no se vuelven reales por sí mismas.

Durante los años siguientes experimenté en varios talleres y grupos filosóficos, combinando el filosofar con la contemplación. Y entonces, en 2014, Carmen Zavala, del Perú, y yo iniciamos el proyecto Agora. Este gira en torno un sitio web (https://philopractice.org) que busca ser vocero de la diversidad de ideas y enfoques en el ámbito, pero está también diseñado para facilitar que los individuos presenten y desarrollen sus propias visiones filosóficas.

Reunimos un pequeño grupo de filósofos interesados y comenzamos a experimentar con la idea de companionships filosóficos online. Los primeros experimentos resultaron ser promisorios pero nos tomó varios meses para clarificar y enunciar nuestra visión y nuestros métodos. Nuestro objetivo final es pluralista: esperamos que en el futuro diferentes filósofos prácticos desarrollen el formato en direcciones diversas. Sin embargo de mis experiencias anteriores aprendí que es imprescindible comenzar desde un punto de partida claro y definido o la visión no conseguirá despegar.

En diciembre de 2015, después de que sentimos que nuestro enfoque era suficientemente claro para nosotros, habilitamos en el sitio web Agora una nueva página dedicada a los companionships, y comenzamos a dirigir grupos internacionales que aplicaban este modelo. Si bien el companionship filosófico puede ser practicado cara a cara hasta ahora hemos hecho énfasis en la versión online. Confiamos que otros filósofos continuarán desarrollando la versión presencial de este formato.

Capítulo 2
CONCEPTOS BÁSICOS

Algunos conceptos ocupan un lugar central en el modo en el que el companionship filosófico funciona: los conceptos de lo profundo, la dimensión interior, la actitud interna, el hablar desde, la contemplación, el dar voz y resonar.

El sentido de lo profundo

Así como al cocinar aspiramos llegar a manjares deliciosos y en el arte a creaciones bellas, en la contemplación filosófica aspiramos arribar a comprensiones profundas. La contemplación filosófica no trata de ser "interesante", o "entretenida", o "útil" – trata de traer a la luz comprensiones e ideas profundas y de ayudarnos a apreciar su profundidad. No tiene sentido referirse a un companionship exitoso desconectado de su sentido de lo profundo, así como es irrelevante hablar de una cena brillante independientemente del sentido del gusto.

No obstante lo profundo no es algo que debemos definir de antemano. El sentido de lo profundo, por su naturaleza, está por lo común oculto, latente, esperando para ser despertado gradualmente. Por lo tanto no es una cuestión de definiciones preconcebidas sino de una búsqueda constante, que es personal y está en continuo desarrollo. Esa búsqueda no es para definir lo "profundo" (tal como cocinar no se refiere a la definición de "gusto"), sino que trata del desarrollo de nuestro sentido y apreciación – de hacer madurar un "gusto" por lo profundo, así como un chef perfecciona el sentido del gusto por la comida.

Dondequiera nos lleve esta búsqueda podemos reconocer lo profundo por el efecto que ejerce sobre nosotros. Cuando encontramos un texto filosófico que apreciamos como profundo nos inspira, nos conmueve, nos provoca asombro, nos da una sensación de plenitud y genuinidad. Toca nuestra profundidad interior y es aquí donde encontramos la conexión íntima entre ideas profundas y la profundidad interior personal.

Lo profundo está íntimamente ligado al filosofar. Si experimento una idea profunda, entiendo que está tocando algo fundamental en la existencia humana. Es por eso que el filosofar tiene un potencial único para evocar lo profundo. Después de todo, la filosofía se ocupa de las cuestiones básicas de la vida.

Por último lo profundo está también conectado con el estar juntos. Cuando siento una sensación de profundidad, no sólo tengo en mente una idea abstracta. Más bien, aprecio lo profundo al ser afectado, conmovido, o incluso inspirado. Y por ello debo estar involucrado en mi encuentro con el texto, debo estar *con* sus ideas, *con* la realidad que expone. Más aún, si bien ese estar junto con el texto puede ser logrado en la contemplación solitaria, puede ser también enriquecido con el estar junto con mis compañeros. Cuando contemplo en conjunto con otros me abro a sus experiencias y perspectivas. Soy transportado más allá de la cápsula que encierra mi mundo hacia los horizontes más extensos de la vida. Soy ahora uno entre otros de mis semejantes que participan de una realidad humana común. Estoy entonces en el modo de estar juntos – estar juntos con el texto así como con mis compañeros de contemplación.

La experiencia de lo profundo es, por lo tanto, un tipo de revelación, no de esas en las que "pienso acerca de" la realidad humana sino una en la cual estoy *con* ella. Es por ello que es tan poderosa e inspiradora: no por darme una teoría intcresante o una buena idea sino porque me involucra en algo real que es más grande que yo.

La dimensión interior

A través del encuentro con ideas y comprensiones profundas el companionship filosófico nos hace dirigirnos hacia nuestra dimensión interior y la cultiva. ¿Qué significa esa dimensión interior?

Es posible encontrar la respuesta en los escritos de los pensadores que más arriba denominé "filósofos transformacionales". Aun cuando no utilizan la expresión "dimensión interior", sus ideas apuntan en la misma dirección. Esto podría parecer sorprendente, ya que sus ideas transformacionales se ven muy diferentes entre sí, y tienen muy poco en común. El filósofo estoico Marco Aurelio, por ejemplo, quiere que logremos un estado de autocontrol por medio de la razón, mientras que Bergson apunta a una corriente holística que no pude ser analizada. Nietzsche concibe una transformación dirigida a la fuerza de voluntad y la autoafirmación. Emerson imagina un estado de receptividad hacia una fuente recóndita que actúa dentro de nosotros.

A pesar de esas diferencias hay mucho en común entre esos pensadores. Primero, todos nos dicen que nuestro estado común y corriente, antes de la transformación, está limitado a pautas y estructuras fijas y está controlado por fuerzas psicológicas automáticas. Segundo, en contraste a las detalladas descripciones que hacen de nuestro estado previo a la transformación, nos dicen bastante poco acerca del estado transformado, o en otras palabras, acerca de la vida una vez que ha sido transformada. Esto sugiere que el estado transformado que conciben no sigue fórmulas generales. Mientras que nuestro estado normal es fácil de describir porque está limitado por patrones rígidos, nuestra vida interior después de la transformación está libre de estructuras y patrones. No puede ser encasillada en una descripción general. Así que la transformación que esos pensadores sugieren lleva a un estado de libertad y plenitud internas que va más allá de nuestra fragmentación habitual.

Además el estado transformado está también asociado con la energía interior (quieta o apasionada), la inspiración, la espontaneidad, la plenitud y lo profundo. Algunos pensadores mencionan el silencio y la paz interiores, mientras que otros mencionan un movimiento fluido - los cuales pueden ser considerados como dos formas de intensidad.

Más aún, todos esos filósofos describen el estado transformado como algo poco frecuente y preciado y destacan que es muy diferente a nuestro estado común y corriente. Es un potencial humano que habitualmente no concretamos plenamente. Nuestra vida cotidiana, familiar, es un trozo estrecho de nuestros vastos potenciales, una parte limitada de nuestra existencia. Muchos de nuestros recursos internos normalmente no son utilizados o están aletargados.

En línea con esta tradición filosófica el objetivo principal a largo plazo de los companionships filosóficos es explorar las dimensiones latentes de nuestro ser. El término "dimensión" es por supuesto una metáfora. No lo es en un sentido geométrico, es intencionalmente vago, diseñado para evitar cualquier dogma específico respecto del mismo.

De modo que la "dimensión interior" o la "profundidad interior" que es nuestro objetivo tiene que ser descubierta de forma personal; no es algo que podemos definir de antemano. Es un estado preciado y excepcional de totalidad, profundidad y libertad interior, que otorga un sentido de realidad y plenitud. Más allá de estas descripciones sumamente generales, es imposible describirla en teoría – debe ser buscada individualmente.

La actitud interna

No podemos relacionarnos con lo profundo y no podemos tener acceso a nuestra dimensión interior simplemente teorizando sobre ellos o analizándolos. Así como amar o tener esperanza es distinto que pensar sobre el amor o sobre tener esperanza, del mismo modo conectar con nuestra dimensión interior no es lo mismo que hablar sobre ella.

Esto no quiere decir que las palabras son inútiles. El problema no reside en las palabras sino en la forma en la que las usamos. Para ser más precisos, la cuestión es la *actitud interna* que adoptamos cuando hablamos o pensamos. Las palabras son instrumentos poderosos y flexibles – pueden ser utilizadas para describir, para entonar canciones de amor, para orar a la divinidad, para elevar quejas y asustar e inspirar. Pero para utilizarlas de modo contemplativo, para usarlas para llegar a la dimensión interior, debemos pronunciarlas con la actitud interna adecuada.

Una analogía nos ayudará a clarificar que significa "actitud interna". Imagínese que le pidieron describir un árbol que se encuentra a cierta distancia. ¿Qué ocurre ahora en su mente y su cuerpo? Su atención se centra en el árbol, allí, fuera de uno mismo, en la lejanía. El esfuerzo tensa el cuerpo y enfoca la conciencia en el objeto distante. Usted expulsa de su mente sus sentimientos, su cuerpo, su sentido de estar junto a su compañero, su relajación gozosa en la naturaleza. Todo su ser está en posición de espectador, dirigido hacia un punto lejano, enfocado en un objeto exterior. Diríamos que está en la actitud interna de un observador externo.

Una actitud de algún modo similar a la de un observador externo puede aparecer cuando tratamos de describir algo de nuestro interior, por ejemplo un dolor de cabeza o una sensación de placer. El dolor de cabeza o un placer no son un objeto externo en un espacio físico, pero cuando se me pide que lo describa lo coloco como un objeto situado ante los ojos de mi mente. Asumo la actitud de un observador que examina algo separado de él. De forma similar cuando me solicitan describirme, me separo de mí mismo – el yo observador se separa del yo como objeto de observación.

Estamos tan acostumbrados a la actitud de observador externo que raramente somos conscientes de ello. Pero esta actitud se vuelve perceptible cuando la comparamos con actitudes alternativas. Por ejemplo, cuando apoyamos la espalda contra un árbol para relajarnos, ya no somos observadores, no nos estamos estirando desde aquí en dirección a un objeto distante. Ahora nos estamos sosteniendo de forma diferente: estamos *con* el árbol y *con* el entorno en su totalidad.

Nuestra actitud interna consiste en flotar suavemente con el mundo. Igualmente, cuando trepamos el árbol, luchamos contra su resistencia, apartamos sus ramas, empujamos y tiramos. No nos enfocamos en un objeto remoto, pero tampoco flotamos suavemente con el entorno – nuestra actitud interna es de confrontación: yo contra un obstáculo. O, cuando caminamos por el bosque y nos asombramos de su belleza, anhelamos estirar las manos y abrazarlo todo. Fluimos hacia el mundo, nos expandimos en toda dirección, salimos de nuestros confines. Esto puede ser denominado una actitud interior de expansión. Para dar un último ejemplo, cuando escribimos un poema sobre el árbol, nuestro atareado ser se silencia, y nos volvemos receptivos, atentos al sonido de las palabras mientras forman versos en nuestra mente. Obviamente en cada una de esas situaciones estamos en una actitud interna distinta.

Nuestra actitud interna está moldeada por numerosos factores, incluida nuestra forma de hablar. Para comprobar esto trate de protestar, o agradecerle a alguien, o implorar por algo y verá cómo cambia su actitud interior. Observe su postura corporal, su expresión facial, su estado de ánimo y comprobará que su habla influye sobre su actitud, que a su vez influye sobre todo su ser.

Así es que nuestra forma de hablar "colorea" nuestra actitud interna, y lo hace no tanto por lo *que* decimos, sino primariamente por *cómo* lo hacemos. Hablando acerca de, describiendo, informando, analizando – nos coloca en una determinada actitud interna, mientras que el reclamar, o suplicar o recitar poesía nos coloca una actitud interna sumamente distinta. Cada una de esas actitudes involucra diferentes recursos internos, diferentes sensibilidades, acciones internas y habilidades.

Todo esto tiene consecuencias importantes para el companionship filosófico. Si queremos que nuestro filosofar sea contemplativo, si queremos invocar el sentido de lo profundo, entonces la cuestión no es sólo *qué* decir, sino *cómo* decirlo. Filosofar puede hacernos dirigir hacia nuestra profundidad interior solamente si se ejecuta con la actitud interna adecuada.

Hablar desde y atender desde

Podríamos decir metafóricamente, que las palabras que empleamos provienen de diferentes "lugares" de nuestro interior. Un modo de enunciar las palabras proviene de nuestra mente observadora, mientras que otro modo de expresarlas dimana de nuestras emociones, o nuestro silencio interior, o nuestra sensibilidad artística. Esas son, por supuesto, metáforas. Obviamente no nos estamos refiriendo a sitios geográficos en nuestro cerebro o nuestra mente. La metáfora de "hablar desde" nos recuerda que las distintas formas de usar palabras activan diferentes recursos de nuestro interior, diferentes sensibilidades, capacidades, potencialidades.

De forma similar podemos "escuchar desde" diferentes sitios de nuestro interior; en otras palabras, podemos activar distintos recursos dentro de nosotros durante el acto de atender. Podemos escuchar las palabras de un texto desde una actitud analítica que examina y evalúa, o podemos oír con nuestras sensibilidades poéticas al ritmo y la belleza del fluir de las palabras, o podemos atender con nuestra sensibilidad por lo profundo al modo en que las ideas del texto resuenan en nuestra profundidad. Por lo tanto, el hablar y el escuchar pueden ser un instrumento poderoso para desarrollar una actitud contemplativa. Cuando escucho o hablo "desde" mi mente analítica, estoy activando mis capacidades analíticas. Cuando escucho o hablo "desde" mi mente poética, estoy activando mis tendencias y sensibilidades poéticas. Cuando escucho o hablo "desde" mí como ser social, estoy activando mis sensibilidades sociales. En forma similar, cuando escucho o hablo "desde" mi dimensión interior, estoy activando esos aspectos en mí que tienen sensibilidad por lo profundo, que son parte de dimensión interior. Esos aspectos de nuestra dimensión interior están aletargados la mayor parte del tiempo. Estamos demasiado ocupados corriendo de un lado al otro, expresando opiniones, tomando decisiones, juzgando, calculando. Nuestra dimensión interior no siempre está activada. Y cuando no lo está se aletarga e incluso se encoge y se empobrece. Lo que no practicamos se va extinguiendo lentamente.

Para cultivar nuestra dimensión exterior debemos practicarla. Lo hacemos cuando hablamos y escuchamos "desde" ella, en otras palabras, desde nuestra sensibilidad por lo profundo. El companionship filosófico es, por lo tanto, un formato diseñado para ayudarnos a hablar y escuchar *desde* nuestra dimensión interior. Hablar y atender desde la dimensión interior se llama *contemplación*. Uno se ve tentado a decir que en el companionship filosófico lo que importa no es lo que decimos sino desde dónde lo decimos. Pero esto es impreciso, porque lo que decimos influye sobre cómo lo hacemos. Por ejemplo, es muy difícil contar un chiste picante desde una actitud poética o hablar de la tragedia de un amigo desde una actitud cómica. Lo que digo y cómo lo digo se influyen mutuamente.

Por lo tanto, si deseo hablar y escuchar desde mi dimensión interior, si pretendo colocarme en una actitud que emana desde lo profundo de mi existencia, debo elegir cuidadosamente el tema. Éste debe ser potencialmente profundo y debe estar relacionado con la existencia humana y con las cuestiones básicas de la vida. Más aún, no debo relacionarme con él desde una actitud de confianza dogmática sino de una posición de asombro, de reverencia, desde la actitud interior del que busca. Es por ello que el filosofar es la mejor forma de practicar nuestra dimensión interior – muchas discusiones filosóficas comienzan desde un estado mental desconectado y analítico. Si bien no todo filosofar equivale a contemplar (muchos cursos universitarios lo demuestran), la más profunda contemplación se realiza a través de aquél. Podemos resumir diciendo que el companionship filosófico es un formato en el cual los participantes filosofan sobre asuntos fundamentales desde la profundidad interior de su ser, en la búsqueda de comprensiones profundas. Los contenidos de los companionships filosóficos son temas filosóficos, la forma es el filosofar, la actitud es conversar "desde" la dimensión interior, la aspiración es evocar comprensiones profundas. Esta actividad recibe el nombre de "contemplación".

Contemplación

A veces se usa el término "contemplación" como sinónimo de "pensar". Sin embargo en el contexto de los companionships filosóficos tiene un significado más específico. Expresa pensar desde los aspectos más profundos de nuestro ser, en busca de comprensiones más transcendentes. Esta acepción es cercana en espíritu a la forma en que la palabra es usada en algunos escritos filosóficos y espirituales, por ejemplo por Platón y Plotino.

Pensar desde nuestra profundidad interior es muy diferente a *pensar sobre* ésta. Es fácil *pensar sobre* una idea examinándola desde el exterior, así como un biólogo examina un insecto a través de una lente de aumento. Este tipo de pensamiento proviene de nuestros aspectos superficiales, de nuestras capacidades analíticas, en oposición a nuestras sensibilidades emocionales o espirituales. Es mucho más difícil pensar *desde* nuestra profundidad sin pensar *acerca* de ella. Esos pensamientos expresan la dimensión más profunda de nuestro interior, o "dan voz" a ésta – sin convertirla en un objeto de inspección. En este sentido, contemplación equivale a dar voz. Es primariamente pensar-desde, más que pensar-acerca.

Contemplar no es una tarea sencilla. Es fácil confundir contemplación con pensamiento difuso o asociativo, pero, en realidad contemplación es lo opuesto a pensamiento negligente. Si damos rienda suelta a nuestros pensamientos, si dejamos que nuestra boca pronuncie palabras desenfocadas y sin esfuerzo, estamos meramente expresando materiales psicológicos arbitrarios, y no algo profundo de nuestro interior. Con el habla asociativa llenamos nuestra mente de cháchara sin sentido, mientras que en la contemplación creamos cuidadosamente un espacio interior en el cual nuestra profundidad interior se puede manifestar.

Para resumir, la contemplación es un método para dar voz a nuestra profundidad interior, poniendo a un lado nuestra tendencia a controlar nuestros pensamientos, abriendo un espacio interior de silencio e invitando a nuestra profundidad interior a expresarse en ese espacio. Esto requiere una actitud que implica a todo nucstro ser. Nuestra elección de palabras, la entonación que damos a nuestra voz, el ritmo del habla, nuestra actitud corporal, nuestra atención y pensamientos – todos estos deben unir fuerzas. Esto requiere obviamente atención, experiencia y capacitación.

Dar voz

Acabo de mencionar la expresión "dar voz". En cierta medida cuando doy voz me parezco a un instrumento musical en manos de un ejecutante que expresa su inspiración por mi intermedio. Soy la boca que pronuncia las palabras que "quieren" ser escuchadas de mis labios. Soy la persona que expresa la profundidad interna que "quiere" expresarse a través mío.

De modo que para dar voz debo abandonar mi tendencia a controlar mis pensamientos y entregarme al fluir de las ideas más allá de los límites de mi diminuto ser. Soy ahora parte de un dinámico flujo de ideas más amplio, que fluye en el grupo y en mi profundidad interior, en el texto, en la realidad humana en general. No soy más un individuo autosuficiente que expresa únicamente sus ideas privadas, porque doy voz a la sabiduría, a la existencia humana, a la realidad en general.

Esas metáforas son sin embargo imprecisas. La actitud de dar voz no es de ningún modo pasiva. No es la actitud del oráculo de Delfos que es un instrumento inerme en manos de Dios. Cuando doy voz a mi profundidad interior, o a la realidad humana tal como resuena hondo dentro de mí, uso mi propio lenguaje, mis propias imágenes, mis sensibilidades, así como mis tendencias culturales, mis suposiciones y prejuicios. Soy un ser humano, al igual que el filósofo que escribió el texto que estoy leyendo. La realidad humana nunca habla en mí por sí misma, dado que siempre "coloreo" sus movimientos dentro de mí con mi forma individual de pensar, mis propias sensibilidades, mi creatividad. Dar voz es un acto receptivo que a la vez es sumamente creativo.

Estar juntos y resonando

En el companionship filosófico contemplamos al estar juntos – estando juntos con nuestros compañeros y con el texto seleccionado. No es una coincidencia. Contemplación y el estar juntos están íntimamente conectados entre sí.

En una conversación normal cada interlocutor habla desde un punto de vista específico: "estoy de acuerdo", "lo dudo", "no sé", "me imagino". Aquí el "yo" es significativo: denota que soy la fuente de mi punto de vista, el "propietario" de "mis" ideas, y me relaciono a los otros como un propietario de ideas a otros propietarios de ideas. Este tipo de actitud me coloca en una posición de individuo separado – un átomo cuyas ideas son distintas de las de otros. La conversación se vuelve entonces un encuentro entre puntos de vista individuales separados, un encuentro entre mis puntos de vista y los tuyos.

El estar juntos significa que abolimos la separación entre mis pensamientos y los tuyos, tus ideas y las mías, mis creencias y las tuyas. Esto no quiere decir que estamos de acuerdo sino más bien que estar de acuerdo o en desacuerdo dejan de ser una cuestión. Al estar juntos dejamos a un lado nuestras opiniones y creencias dado que son irrelevantes. Durante la sesión no soy un pensador independiente que mantiene sus propias ideas separadas de las de los demás. Aquí no soy más el "propietario" de mi ámbito privado de ideas. Soy, en cambio, una voz en un coro, que participa en el intento de enriquecer y fomentar el pensamiento del grupo en de tal modo que creamos una textura compleja de ideas de grupo.

Usando una metáfora del mundo del jazz, en el estar juntos no soy un solista que toca su música en solitario. Somos más bien ejecutantes de una banda de jazz, que resonamos en conjunto y creamos una sola música. De forma similar en un companionship creamos una comprensión grupal formada por la contribución de todos. No competimos entre nosotros o evaluamos a los otros dado que cada música no está separada de la del resto.

El resultado es un cambio profundo de mi actitud interna. No soy más un observador que mira hacia su exterior, piensa sobre, opina acerca de, reacciona a. Estoy ahora en la actitud interior de "estar con" – resonando con otros, con el texto y con ideas. No estoy más en control de mi realidad dado que esta se extiende más allá de mi ser pequeño. Esta es una actitud de apertura en lugar de autoencierro, de expansión fuera de mis confines y de ser una hebra en un tejido más grande.

El resonar en sí no es todavía una actitud contemplativa. No implica necesariamente la reflexión sobre asuntos básicos de la vida, que es un elemento crucial en la contemplación filosófica. Pero es un componente importante de la actitud contemplativa porque nos saca de nuestra actitud interna habitual y nos coloca en una actitud de apertura hacia los horizontes más amplios de nuestro ser.

Capítulo 3
ASPECTOS PRÁCTICOS

Encuentros online versus encuentros presenciales

Un companionship filosófico puede llevarse a cabo en dos marcos principales: primero, los participantes pueden encontrarse cara a cara, en reuniones semanales o en un retiro de fin de semana. La alternativa es un encuentro electrónico, usando software de videochat, por ejemplo ooVoo o Skype. Cada uno de esos marcos tiene sus ventajas y desventajas.

Para algunos las sesiones presenciales son más naturales e íntimas que los encuentros online. Sienten una mejor conexión cuando ven el lenguaje corporal de sus compañeros, y cuando pueden conversar con otros participantes antes o después de la sesión.

Otra ventaja del marco presencial es que el número de participantes puede ser un poco más flexible. Es posible llevar a cabo una reunión de 15 personas en una habitación pero es muy dificultoso mantener un encuentro online para más de nueve o diez personas. Cuando se ven sólo rostros en una pantalla la interacción del grupo puede parecer confusa. Por ejemplo, no puedes saber a ciencia cierta a quién la persona de la pantalla está mirando. Sin embargo, el marco online tiene sus ventajas. Primero, un companionship online puede reunir a personas que viven lejos la una de la otra, de los cuatro rincones del mundo. Para el organizador esto aumenta dramáticamente la audiencia objetivo – cada habitante del planeta es un participante en potencia. También permite crear grupos diversificados que reúnen a personas de diferentes países y entornos.

Además las sesiones online no implican los desafíos organizativos que poseen los encuentros presenciales, tales como encontrar un lugar de reunión apropiado por el que hay que pagar una renta. Más aún, el encuentro presencial toma más tiempo, dado que los participantes deben trasladarse al lugar de reunión usando transporte público o privado. Por el contrario, una sesión online no requiere tiempo y gastos de traslado. Eso hace la participación más accesible y puede hacer aumentar el número de participantes potenciales. En nuestra agitada vida contemporánea, hay una gran diferencia en tener que dedicarle a una actividad una tarde entera o simplemente sesenta o noventa minutos.

Diseño del marco

Probablemente hay distintos modos de estructurar un companionship filosófico, algunos de ellos sin explorar todavía. En base a nuestra experiencia con Agora puedo hacer las siguientes recomendaciones.

Primero, un companionship no debe ser demasiado pequeño ni muy grande: habitualmente 5-10 participantes en reuniones online y 8-15 en encuentros presenciales. Estos números permiten una interacción que es dinámica y rica por una parte y manejable y enfocada por la otra. Un grupo demasiado pequeño puede carecer de la rica dinámica y del sentido de estar juntos que uno más grande puede proporcionar. Después de todo, mucha de la fuerza de un companionship proviene del hecho de que la actividad del grupo va más allá de la individualidad de cada uno. Por otro lado en un grupo demasiado amplio no se puede dedicar suficiente tiempo a cada participante y los ejercicios pueden resultar repetitivos, o incluso caóticos e inmanejables.

Segundo, es mejor decidir el cronograma de antemano. En grupos presenciales un retiro de fin de semana puede ser impactante. Alternativamente, un encuentro semanal es suficientemente frecuente para crear continuidad y no demasiado frecuente para convertirse en una carga. Cuatro encuentros, una vez por semana, suelen ser el marco adecuado para un companionship. Cuatro encuentros proporcionan al grupo tiempo suficiente para desarrollar ideas y un sentido de estar juntos, sin agregar aburrimiento o carga. Al finalizar una ronda de cuatro sesiones los participantes pueden decidir si continúan en otra siguiente.

Es preferible que un encuentro tenga usualmente entre 60 y 90 minutos. Una hora, más o menos, es habitualmente el tiempo apropiado para la contemplación en grupo. Después de la parte contemplativa de la sesión es aconsejable dar a los participantes la oportunidad de interactuar de un modo más relajado y "natural", con el fin de compartir libremente experiencias y pensamientos.

Estructura general de una sesión

Con el fin de mantener el foco y el orden cada sesión estará a cargo de un moderador o facilitador. Un participante experimentado puede estar a cargo de todos los encuentros o el cargo rotará entre todos los participantes del companionship, de modo que cada uno moderaría un encuentro.

En beneficio de una atmósfera contemplativa es preferible comenzar una sesión directamente con una actividad de contemplación, sin perder el tiempo para socializar y mantener conversaciones informales. Si los participantes tienen deseos de conversar pueden hacerlo después de la sesión.

Presentamos una secuencia de actividades típica (las cuales, huelga decir, pueden ser modificadas de acuerdo a las necesidades y objetivos):

1) Bienvenida: el moderador saluda a los participantes y explica brevemente el plan de la reunión.

2) Ejercicio de concentración: este es un ejercicio corto de meditación, destinado a asistir a los participantes del companionship a poner a un lado el ajetreo de la vida cotidiana y ayudarlos a concentrarse. La mayoría de esos ejercicios se ejecutan con los ojos cerrados, tanto en los encuentros en línea como en los presenciales. Por ejemplo:

- Un ejercicio de visualización, en el que los participantes del companionship imaginan estar sentados en silencio en la naturaleza, junto con sus compañeros.

- Un ejercicio respiratorio, en el que los integrantes ponen el foco en la respiración mientras van yendo a lo largo de la columna de aire, desde las fosas nasales al fondo del estómago, e incluso a un punto más inferior de ellos, debajo de la silla.

- Un ejercicio de postura, en el que el cuerpo es utilizado como una metáfora para actitudes interiores. El moderador puede suministrar instrucciones, como esta: "Estás ahora en tu cuerpo, déjate irte de todo, relájate, aléjate de ti mismo y abre en medio de ti un espacio vacío."

3) Ejercicios principales: en el momento en el que los participantes del companionship comienzan a adoptar una actitud interna tranquila y centrada, comienza la parte principal de la sesión. La actividad se centra en un texto filosófico de hasta una página de extensión, que se utiliza como eje orientador del encuentro. El texto nunca es considerado como autoritativo sino un punto de partida para la contemplación.

A menudo los ejercicios están compuestos por dos etapas: primero, un encuentro preliminar con el texto designado para asegurar que todos entienden su significado en forma superficial. En esta etapa los participantes del companionship contemplan en torno a las ideas y conceptos básicos. Segundo, un ejercicio más creativo y personal en el que los participantes van más allá del texto. Para más detalles vea el próximo capítulo.

4) "¿Qué es lo que me estoy llevando conmigo?": después de la finalización de los ejercicios principales, pero cuando los integrantes

todavía están en una disposición contemplativa, son invitados a compartir qué es lo que están llevándose de la sesión. Aquí la intención no es debatir sino reflexionar sobre la sesión en su totalidad y expresar comprensiones o experiencias que hayan surgido durante esta. Para mantener la actitud contemplativa los participantes pueden seguir el procedimiento de "habla preciosa" o "conversación intencional" (vea el próximo capítulo).

5) Meta-conversación: el moderador anuncia ahora que ha concluido la parte contemplativa de la sesión e invita a los participantes a relajarse y a regresar a su modo habitual de conversación. Los participantes del companionship pueden platicar libremente sobre lo acontecido en la sesión, compartir experiencias, sugerencias o preguntas. Esta charla es denominada "meta-conversación" dado que el vocablo griego "meta" es utilizado en filosofía para decir "más allá" o "sobre". Advierta que es importante señalar claramente la transición de la parte contemplativa a la meta-conversación (por ejemplo: "Nuestra sesión contemplativa ha finalizado. Comencemos con la meta-conversación.") Esto es así porque las reglas de hablar y la actitud interior que se requiere son muy diferentes.

Elección de un texto

En una sesión de companionship utilizamos habitualmente un texto corto, de media página de extensión. Si bien el texto no es considerado como línea de pensamiento a seguir, sirve de referencia porque reúne a los integrantes del companionship en el mismo ámbito de ideas. Más aun, es difícil inventar ideas filosóficas profundas en el acto, y un buen texto nos brinda un punto de partida rico en ideas, de modo que no tenemos que comenzar a pensar de cero.

La mayoría de los ejercicios que usamos en los companionships giran en derredor de ese texto. Por lo tanto el moderador de la sesión debe elegir un texto de antemano y suministrar copias a todos los participantes, para que lo puedan utilizar durante el ejercicio. En ocasiones el moderador puede solicitar a uno de los participantes que lea el texto antes de la sesión.

Los mejores textos para ejercicios filosóficos son los condensados y poéticos, pero no de difícil comprensión. Se puede encontrar algunos en la sección de Temas filosóficos en el sitio web Agora (https://philopractice.org/web/topics).

Distracciones y ruidos

Ruidos y otras distracciones son comunes en un lugar de reunión, pero se notan especialmente en sesiones de contemplación por el énfasis que se pone en el silencio interior. Cuando se hace imposible anular esas distracciones es preferible reconocerlas como un desafío útil. La contemplación no está concebida para ser siempre agradable y fácil. Implica esfuerzo, trabajo, y lucha contra dificultades. Los obstáculos son, después de todo, parte de la vida y aprender a medirse con ellos es parte de cualquier travesía hacia un crecimiento interior.

El moderador puede instruir a los integrantes del companionship a considerar a la distracción como parte del ejercicio, como una oportunidad de conocerse a sí mismos y estudiar el proceso contemplativo. Nuestra reacción a un ruido molesto es parte del proceso contemplativo. Un ruido no es algo que nos irrita o un pretexto para hacer una pausa sino un desafío para aprender algo.

Lo mismo rige para distracciones internas. Los participantes llegan en ocasiones cansados, ansiosos o distraídos por problemas personales. Esto, como es sabido, es parte de la vida. La contemplación no es sólo para tiempos tranquilos. Una travesía auténtica al crecimiento también implica escalar montañas y cruzar desiertos, no sólo transitar caminos cómodos.

Consideraciones técnicas para sesiones online

Sesiones online tienen sus propios retos, pero la mayoría pueden ser abordados fácilmente.

Turno de intervenciones: algunos ejercicios requieren que los participantes hablen en un orden predeterminado. En una sesión presencial las intervenciones pueden darse de acuerdo con el orden en el que cada uno está sentado. Por el contrario, en sesiones online esto no se da y los rostros en la pantalla están dispuestos en forma diferente para diferentes participantes. ¿Cómo podemos determinar el turno de intervención?

Una solución simple sería hablar por orden alfabético de los nombres de los participantes. Alfredo antes que Beatriz y ésta antes que Clara. Cada participante debe recordar quién está antes que él o ella. El moderador puede contribuir anunciando los nombres.

Pérdida de la conexión de internet: las conexiones de internet no son siempre estables y ocurre que en ocasiones los participantes pierden la conexión y desaparecen de la sesión. Normalmente consiguen reconectarse después de algunos momentos, pero es importante hacerlo discretamente, sin interrumpir la sesión. Por lo tanto, es importante agregar la siguiente regla: cuando usted se desconecta puede reconectarse y regresar al grupo, pero de la manera más silenciosa posible, sin explicaciones ni disculpas.

Utilización de Google Drive como "pizarra": algunos ejercicios requieren una pizarra central sobre la cual el grupo puede anotar en conjunto. Para este fin se puede utilizar Google Drive. Este es un servicio sincronizado suministrado gratis por Google. Permite a un grupo de personas abrir un documento común y escribir en él en conjunto, sobre la pantalla de cada participante. Lo que cualquiera escribe es visto inmediatamente por los otros. Todos pueden escribir al mismo tiempo lo cual permite ejecutar ejercicios que es imposible o difícil hacer sobre una pizarra concreta.

Para utilizar Google Drive es necesario abrir una cuenta en Gmail (es gratuita).

Capítulo 4
MÉTODOS Y EJERCICIOS

Procedimientos, ejercicios y sesiones

En aras de la claridad distinguimos entre tres conceptos: "procedimientos", "ejercicios" y "sesiones".

Una *sesión* es una reunión completa, habitualmente de 60 a 90 minutos de duración. Una sesión puede incluir varias actividades, como ejercicios, y una meta-conversación.

Un *procedimiento* es una regla (o reglas) sobre cómo hablar o interactuar. No es una actividad independiente sino un elemento dentro de una actividad más amplia. Un ejemplo simple es: "cada participante dice una sola oración en su turno". Un procedimiento puede ser usado como elemento de diversos ejercicios.

Un *ejercicio* es una actividad estructurada constituida por varias etapas. En muchos ejercicios se emplea el procedimiento de "habla preciosa". En otras palabras, el "habla preciosa" es un elemento en muchos ejercicios.

Procedimientos y ejercicios ocupan un lugar central en las sesiones de companionship. Nos ayudan a adoptar una actitud contemplativa. Dicho de otro modo, nos dicen cómo pensar e interactuar desde un sitio en nuestro interior que es más profundo de lo habitual. Una discusión corriente puede ser insuficiente para este propósito – serviría solamente para activar nuestro modo automático de hablar, y se perdería el objetivo del companionship. A veces los procedimientos y los ejercicios pueden hacer que la interacción parezca "antinatural", pero ése es precisamente su objetivo: sacarnos de nuestra "actitud natural", fuera de nuestro "piloto automático".

Un companionship puede ser exitoso sólo si sus participantes mantienen una actitud interior adecuada – una actitud contemplativa que es totalmente diferente de nuestro modo habitual de opinar, declarar, juzgar y pensar como observadores externos. No es una exageración afirmar que el companionship depende de la habilidad de los integrantes de mantener su actitud interior. Por lo tanto los procedimientos y los ejercicios no deben ser vistos como artificios para hacer que una sesión sea interesante o divertida, sino herramientas esenciales para ayudarnos a contemplar. Es imposible considerar que un ejercicio de companionship ha sido exitoso o ha fracasado, independientemente de la pregunta de si ha alentado una actitud contemplativa.

A. PROCEDIMIENTOS

El procedimiento de "habla preciosa"

En este importante procedimiento los integrantes tratan de realizar tres "intenciones" (estas son similares a "reglas" pero son menos categóricas y fiscalizan esfuerzos internos y no tanto una conducta observable). Esas intenciones ayudan a los participantes a salirse de su modo habitual de hablar y asumir una actitud interior contemplativa. Estas son:

1) *Cada palabra es valiosa*: primero, cada vez que hable dentro del grupo, trate a cada una de sus palabras como si fueran un diamante valioso, como un precioso regalo al grupo. Hable de un modo conciso y enfocado, limitándose a las palabras estrictamente necesarias – habitualmente no más de una frase por vez. Evite las repeticiones, las explicaciones excesivas y las palabras redundantes, como "Bien, creo que…" o "Me gustaría decir que…", o "Me parece que…". En lugar de ello exprese directamente la idea. También pronuncie sus palabras con claridad, con ritmo y entonación significativos.

2) *Hable desde su profundidad interior*: segundo, trate de hablar desde su profundidad interior. Esto

quiere decir poner a un lado el impulso habitual de declarar sus opiniones, de reaccionar de forma automática, de recordar anécdotas y asociaciones personales. Usted abre un espacio interior de silencio en su interior –un "claro" en el bosque del ruido mental- y da lugar a ideas y palabras que aparecen en ese espacio. En otras palabras, pone la atención en las palabras que "quieren" hablar desde su interior.

3) *Hablar con (resonar)*: tercero, cuando se refiere a una idea del texto o de un participante del companionship, usted habla "con", en lugar de "sobre" ella. No esté de acuerdo o difiera con aquella, no la evalúe ni la juzgue, no la analice o comente sobre ella. Más bien, resuene con la idea, así como un músico de jazz resuena con los otros músicos.

Esas tres intenciones no son siempre fáciles de cumplir, pero dado que requieren un cambio radical en nuestros hábitos usuales de conversar, su efecto sobre la actitud interior de los participantes del companionship puede ser profundo.

Hay varias versiones alternativas para el "habla valiosa" cada una de ellas apropiada para distintos propósitos. Primero, los participantes pueden hablar por turnos o libremente. En la versión por turno los participantes hablan uno después del otro en un orden predeterminado, ya sea de acuerdo al lugar en el que están sentados en un companionship presencial o en orden alfabético en el companionship online. En la versión libre los participantes hablan libremente cada vez que sienten que tienen algo que expresar. La versión ordenada produce un intercambio rítmico y rápido de oraciones (un participante puede decir "paso" y entregar el turno a la persona próxima a él). En la versión libre la conversación puede estar salpicada de largos silencios.

Segundo, los participantes pueden formular sus ideas libremente o se les solicitará formularlas de una forma específica. Por ejemplo, para alentar a los participantes a relacionarse entre sí, se les solicitará que siempre incluyan en sus oraciones una palabra empleada por el expositor anterior. O, se les puede pedir que empiecen a hablar con algún comienzo preestablecido (por ejemplo: "mi silencio interior es"…).

El procedimiento de "conversación intencional"

Si bien el "habla preciosa" es un procedimiento potente, tiene sus limitaciones. Permite a los participantes pronunciar sólo oraciones cortas, una por vez. Sin embargo, a veces deseamos que los participantes hablen con más detalle y que conversen en un modo más interactivo, manteniendo a la vez una actitud contemplativa. Con este fin utilizamos el procedimiento llamado "conversación intencional".

Esta se basa también en varias intenciones. (Recordemos: "intenciones" son una especie de reglas para nuestra concienciación interna). Pero en lugar de enfatizar lo valioso de cada palabra hablada, las intenciones de la "conversación intencional" acentúan el elemento de atender desde nuestra profundidad interior.

1) *Escuchar desde nuestro silencio interior*: Atender a los otros es un elemento crucial en este procedimiento, y es un tipo especial de atención. No atendemos de la perspectiva usual de "estoy de acuerdo" o "no estoy de acuerdo", o "esto me recuerda", o "ese es un buen argumento". Más bien silenciamos nuestro yo colmado de opiniones y prestamos atención a un lugar de nuestro interior que no posee opiniones ni asociaciones individuales. Para hacerlo espere algunos momentos antes del procedimiento para silenciar su mente y para dejar de lado opiniones y reacciones automáticas. Abra un espacio en su interior, un claro. Luego cuando los participantes comienzan a hablar, coloque con suavidad sus palabras "dentro"

de ese claro y haga que las palabras e ideas estén presentes vívidamente en su mente.

2) *Dar voz*: cuando hable, exprese sólo aquellas comprensiones que tiene vivas en ese momento. Para hacerlo exprese no lo que son sus opiniones corrientes, sino atendiendo su interior. Dicho de otro modo, ábrase a su ser interior y "dé voz" a las palabras e ideas que viven en lo profundo de su interior. Ignore sus opiniones familiares y reacciones automáticas y cualquier pensamiento del pasado que no existe más.

3) *Habla condensada*: usted puede expresar, en su turno, tantas oraciones como considere necesario (no está limitado a una sola oración, como en el case del "habla preciosa"). Sin embargo, formule siempre sus ideas de una forma condensada, resumida, y evite las repeticiones, las explicaciones excesivas y las palabras innecesarias.

4) *Razonar con otros*: al hablar, conéctese con lo que los integrantes del companionship expresaron anteriormente. No obstante, no hable *acerca* de lo que dijeron sino más bien resuene *con* lo que han dicho. Para hacerlo imagínese que es un cantor en un coro. Usted y los demás participantes están creando música en conjunto, cada uno con una voz diferente, improvisando juntos a medida que avanzan. Esto implica que comprensiones

diferentes pueden aparecer una junto a otra, incluso cuando parecen contradecirse, creando así una polifonía de voces.

El procedimiento de "lectura pausada"

En muchos ejercicios deseamos leer juntos un texto, pero también queremos escuchar el texto desde una actitud contemplativa, desde nuestro silencio interior. El problema es que estamos tan acostumbrados a leer textos que no nos damos cuenta de algunas palabras y frases. Miramos "a través" de las palabras el significado que esconden. El procedimiento de "lectura pausada" nos permite romper este hábito y atender el texto de forma diferente.

En su forma más simple "lectura pausada" significa que un voluntario lee el texto en voz alta muy lentamente, más de lo habitual, mientras que los participantes atienden, cada uno con una copia ante sí. Escuchan las palabras en silencio, desde su espacio interno, mientras ponen atención a las palabras o frases que les conmueven o llaman su atención.

En una versión distinta de "lectura pausada" un voluntario lee el texto en voz alta mientras los demás participantes del companionship susurran las palabras o las pronuncian mentalmente.

En una tercera versión del procedimiento el moderador lee sólo las primeras palabras de cada oración, y da lugar a que los participantes sigan leyendo en silencio la continuación. Se les otorga tiempo suficiente para que puedan leer muy lentamente, posiblemente varias veces.

El procedimiento de "cántico filosófico" (*Ruminatio*)

Este procedimiento meditativo fue desarrollado por mi amigo Gerald Hofer, un filósofo práctico de Alemania. Es un procedimiento sencillo similar a corear o salmodiar. Antes de comenzar es importante asegurarse que los participantes comprenden el texto (vea más adelante la sección "Ejercicios para estudiar un texto"). El moderador elige una oración y los participantes comienzan a leerla en voz alta, una y otra vez, un participante después de otro, de acuerdo al orden en que están sentados (en grupos presenciales) o en orden alfabético (en grupos online). Una vez que todos los participantes del companionship hayan terminado de recitar la oración, continúan con una segunda vuelta de recitación, repetidamente, si es posible cinco, siete o incluso diez veces. De este modo la misma oración es recitada una y otra vez durante varios minutos.

El efecto puede llegar a ser impactante. Al principio la mente puede sentirse aburrida o irritada por la repetición sinfín, pero rápidamente comienza a aclararse, ponerse en foco y a contemplar con la oración. Con la concienciación puede surgir un nuevo entendimiento.

Como con otros procedimientos son posibles algunas variaciones. El moderador puede instruir a los participantes del companionship para que simplemente atiendan en silencio mientras esperan su turno, o, recitar la oración mentalmente junto con el lector. También se puede guardar un momento de silencio entre cada vuelta en beneficio de una contemplación personal. Después de finalizar la recitación, el procedimiento puede ser seguido por el de "habla preciosa" o "conversación intencional", en el que los participantes expresan sus percepciones y sentimientos.

B. EJERCICIOS PARA ESTUDIAR UN TEXTO

El ejercicio de estudio contemplativo

Este ejercicio es utilizado cuando el grupo está por primera vez frente a un nuevo texto, especialmente uno complejo. Se hace entonces necesario estudiar el texto y tratar de entenderlo de forma superficial, sin descuidar la actitud contemplativa. Una discusión ordinaria sería improcedente, dado que se perdería la atmósfera contemplativa. Este ejercicio está compuesto por dos procedimientos: "lectura pausada" y "habla preciosa", y posiblemente también "conversación intencional".

Para preparar el moderador elige un texto filosófico compuesto por 3 a 6 párrafos. (O el texto puede ser dividido por el moderador en párrafos).

En la primera etapa de este ejercicio uno de los participantes lee el primer párrafo del texto en el modo de "lectura pausada". Entonces el moderador pregunta: "¿Qué les dice este párrafo?" Los participantes responden en una ronda de "habla preciosa". Después de esta ronda el grupo continúa al segundo párrafo, así hasta finalizar el texto.

Después de la lectura y contemplación de todos los párrafos el moderador solicita a los participantes del companionship contemplar el texto como un todo. Se les pide ir más allá de la resonancia del texto y dar voz a sus percepciones personales. Esto se puede conseguir con preguntas tales como: "¿Qué es lo que este texto me lleva a contemplar?" "¿Dónde estoy yo, después de haber leído este texto?" O, simplemente: "¿Qué comprensiones personales desean hablar ahora en mi interior?"

Los participantes responden por medio de "habla preciosa" o "conversación intencional".

El ejercicio de "caminar por un panorama de ideas"

Este ejercicio, como el anterior, puede ser utilizado para estudiar un nuevo texto filosófico, especialmente su lógica interna, y conceptos centrales. Pero también puede ser usado para ir más allá del texto en una forma personal y creativa.

El ejercicio está basado en la premisa de que en el centro de toda teoría filosófica se encuentran un número pequeño de ideas y conceptos principales. Para comprender este punto considere por ejemplo la diferencia entre distintos enfoques filosóficos al tema de las relaciones interpersonales. El enfoque de Martin Buber gira en torno a dos ideas importantes: la idea de que una persona no es nunca un átomo aislado sino siempre una persona-en-relación y la distinción entre relaciones de unión (Yo-Tú) y relaciones de distanciamiento y separación (Yo-Ello). Ahora bien, cuando analizamos el acercamiento de Emmanuel Levinas al mismo tópico, comprendemos que gira en derredor a ideas muy diferentes: la vulnerabilidad fundamental de los seres humanos, y la responsabilidad de uno por la vulnerabilidad del otro. En el enfoque de Ortega y Gasset encontramos ideas centrales aún diferentes: la distinción entre el mundo interno y el exterior, el ocultamiento del mundo interior y nuestra habilidad de salir de nuestro mundo interior. Por último, el enfoque de Jean-Paul Sartre se extiende en torno a la distinción entre hechos y libertad, y de la idea de que observar a alguien significa objetivar a esa persona.

Por supuesto, cada una de esos enfoques es mucho más rico que unas pocas y breves ideas, pero estas son la base sobre lo que el resto está construido. Son el "esqueleto" de esas perspectivas filosóficas. Podemos agregar otras ideas a cada esqueleto y enriquecerlo, pero la ventaja de uno más simple es que muestra la estructura lógica central de la filosófica que estamos tratando.

Denominamos a este esqueleto "un panorama de ideas". Así como un panorama real está compuesto por montañas, lagos y ríos relacionados entre sí de algún modo, el panorama conceptual de una teoría filosófica está compuesto por una red de "hitos" interrelacionados. Investigar el paisaje de una idea filosófica es investigar cómo sus conceptos centrales se sitúan en relación a cada uno de ellos.

Esta es la base del ejercicio "caminar por un panorama de ideas". En éste investigamos el panorama de una idea filosófica – pero lo hacemos desde adentro, como si estaríamos caminando por ella. No la juzgamos ni la criticamos, no estamos de acuerdo o en desacuerdo con ella – más bien "caminamos dentro" del panorama, exploramos cómo cada hito está conectado a otro y también investigamos nuevos senderos que no están marcados en el texto. También podemos introducir experiencias personales y colocarlas dentro del panorama. El resultado es una investigación que es a la vez interpretativa (somos fieles a la lógica interna del filósofo) y personal (vamos más allá del panorama del filósofo para explorar nuevos senderos de ideas y experiencias).

Cuando recorremos el panorama de ideas de un filósofo tenemos que dejar de lado nuestras opiniones para comprender el panorama. Al hacerlo estamos un paso significativo en dirección a lo contemplativo. Pero se deben agregar más reglas o intenciones para poder asumir el espíritu de contemplación y unidad, y de evitar una discusión ordinaria.

El ejercicio habitual de "caminar por un panorama de ideas" se compone de varias etapas. Primero, después de un ejercicio de meditación introductorio breve, comenzamos a leer el texto según el procedimiento de "lectura pausada" – muy detenidamente, con momentos de silencio, para transmitir una atmósfera de escucha interna.

Segundo, el moderador invita a los participantes a identificar dos o tres ideas (conceptos, distinciones, etc.) que les hayan impactado o conmovido como centrales al texto. Los participantes expresan entonces esas ideas en "habla preciosa" – no las explican, sólo las nombran brevemente, con cuatro o cinco palabras (si es necesaria una explicación más amplia, el procedimiento de "conversación intencional" es más apropiado). Pueden expresar una idea citando el texto, expresándola con sus propias palabras o repitiendo o reformulando las palabras de otros participantes. El moderador recoge esas ideas y las anota para que todos las vean (en Google Drive en los grupos online o una lámina central en grupos presenciales).

Tercero, los participantes observan la lista de ideas y las resumen en una lista corta. Esto se hace utilizando el procedimiento de "habla preciosa", en el cual los participantes repiten las ideas que les impactaron como importantes o conmovedoras. Después de un par de rondas el moderador resalta (con círculos o copias) las ideas que han sido repetidas varias veces (entre dos y cuatro). Este es el panorama de ideas sobre el cual trabajará el grupo.

Los pasos mencionados pueden tomar entre 10 a 20 minutos aproximadamente y consisten de las partes más interpretativas del ejercicio. Desde el momento en que el grupo ha entendido el texto y bosquejado su panorama, se puede continuar con una exploración más personal y creativa. Esta es la cuarta etapa y puede ser ejecutada en varias formas diferentes.

En una versión de esta cuarta etapa el moderador invita a los participantes a compartir experiencias personales relacionadas con ese panorama. Eso debe ser realizado en el procedimiento de "conversación intencional", que permite descripciones más largas, mientras resalta la escucha interior y da voz a lo que está viviente en ese momento. Después de cada experiencia personal los participantes pueden responder resonando a esta desde una perspectiva del panorama en la página. De este modo ponen el foco en la experiencia y el panorama a la vez.

Otra versión de la cuarta etapa está enfocada en ideas generales y no tanto en experiencias personales. El moderador introduce un nuevo concepto, que no está mencionado en el texto y no aparece en el panorama del grupo. Los participantes son invitados a expresar sentencias, en "habla preciosa", destinadas a expandir el panorama más allá de su área original para incluir el nuevo concepto. Por ejemplo, en una sesión sobre las relaciones Yo-Tú de Buber, el moderador puede mencionar el concepto de "amor romántico" y preguntar: "¿Qué podemos decir sobre el amor romántico desde la perspectiva del panorama de Buber?" Utilizando el procedimiento de "habla preciosa" los participantes proponen ideas sobre amor romántico situadas en el espíritu del panorama de Buber. De este modo el grupo amplía el panorama buberiano en un modo personal, creativo y además contemplativo.

Es posible también realizar una versión más contemplativa de la cuarta etapa. El moderador lee el comienzo de una oración en el texto, y los participantes, cada uno en su turno, continúa la oración de un modo que es personal y relacionado con el panorama investigado a la vez. Si se mantiene el ritmo sin concederles a los participantes mucho tiempo para pensar el resultado se parece a un cántico meditativo.

C. EJERCICIOS INTERACTIVOS

Ejercicio de "atención desde una experiencia"

Este ejercicio enfatiza el escuchar dentro de la experiencia de otro participante del companionship.

Esa escucha puede ser un modo poderoso de ir más allá de las opiniones individuales y patrones de pensamiento egocéntricos.

En la primera fase los participantes del companionship contemplan sobre el texto y se aseguran de haberlo comprendido.

Segundo, se selecciona una oración o párrafo y los participantes reflexionan sobre él mismo utilizando los procedimientos de "lectura pausada" o "cántico filosófico". Durante la lectura escuchan hacia dentro para comprobar si algo del texto les recuerda alguna experiencia personal semejante vivida recientemente.

Tercero, el moderador pide a un voluntario compartir esa experiencia personal. Éste describe esa experiencia brevemente, usando las ideas del "conversación intencional". En una versión de este ejercicio el ponente repite la breve descripción algunas veces, para crear una sensación de cántico.

Cuarto, los participantes contemplan la experiencia, pero desde el interior, como si ellos la hubieran tenido. Prestan atención cuidadosamente dentro de sí mismos y dan voz a pensamientos que aparecen en su conciencia y echan luz sobre la experiencia. Al hacerlo es importante que hablen *desde* la experiencia y no *sobre* ella.

La experiencia del "poema grupal"

En este ejercicio el grupo compone un poema en conjunto. Cada participante escribe dos versos, que luego son reunidos y levemente modificados para adaptarlos entre sí.

Dos elementos de este proceso producen un efecto contemplativo. Primero, el intento de formular palabras en un modo poético requiere una escucha interior y prestar atención a los ritmos y sonidos de las palabras. Segundo, escribir un poema grupal significa hacer algo más grande que mis propias ideas. A diferencia de las conversaciones familiares, no soy el "propietario" de "mis" ideas, dado que mis versos son una parte de un todo más grande. Eso es, entonces, una lección de humildad, de ser parte de una corriente de pensamiento más amplia.

Este ejercicio es adecuado para etapas más avanzadas del trabajo con un texto filosófico, después de que ha sido comprendido (posiblemente a través del ejercicio de "estudio contemplativo"). En la primera etapa el grupo medita en silencio durante algunos minutos sobre un párrafo u oración determinados. Se pide entonces a los participantes leerlo lentamente en silencio y escuchar internamente a las palabras que les hayan impactado como significativas, y a ideas que afloran en su mente.

En la segunda etapa los participantes dan voz a una idea surgida de sus corazones, anotándolas en forma de versos de un poema. Cada uno anota sus versos por separado, en un trozo de papel. Los companionships online pueden anotarlos simultáneamente en un documento de Google Drive, de forma que cada uno puede observar el proceso de escritura de los otros participantes.

En la tercera etapa los versos son reunidos en un orden aleatorio, en una lámina común o en documento de Google Drive. Voluntarios leen el poema entero y el grupo atiende internamente como fluye. Después de cada lectura se invita a los participantes a sugerir cambios para mejorar y unificar el poema – modificando el orden de los versos, cambiando tiempos o pronombres, conjunciones, etc.

Una cuarta etapa puede seguir en la cual los participantes del companionship contemplan sobre el poema final, y posiblemente reaccionan ante el mismo a través de los procedimientos de "habla preciosa" y "conversación intencional".

CONCLUSIÓN

En este manual traté de recopilar ideas y técnicas que, en mi experiencia, ayudan a crear una actividad filosófica contemplativa, profunda y reveladora, en unión. A medida que el grupo continúa trabajando en conjunto, crece la cohesión y la intimidad, y aumenta su habilidad de desarrollar la profundidad interior de los participantes.

Obviamente el potencial de los companionships es vasto y hay muchos senderos a la espera de ser explorados. Tengo la esperanza de que otros filósofos prácticos continuarán examinando nuevas ideas y nuevos procedimientos y ejercicios. Considero a este folleto como un punto de partida para un futuro desarrollo y no como un marco definitivo.

Sin embargo, al desarrollar nuevas ideas, es importante tener en cuenta el panorama más amplio, especialmente el objetivo de cultivar la profundidad interior, la orientación contemplativa y el espíritu de estar juntos. Esos son los tres pilares del companionship filosófico contemplativo y definen lo qué es. Por supuesto que es posible desarrollar formatos no contemplativos, o que no enfatizan el resonar-en-estar-juntos y la profundidad interior. Esos grupos pueden poner el foco, por ejemplo, en discusiones filosóficas o en compartir experiencias personales, o en el desarrollo de aptitudes de diálogo, etc. Estos pueden ser grupos magníficos pero sería erróneo llamarlos companionships filosóficos. Para evitar la confusión y para preservar la integridad del formato de los companionships, esos grupos deben recibir un nombre diferente y deben ser presentados como algo diferente. Permítaseme repetir que un companionship filosófico es, por definición, algo muy específico: es contemplativo, implica el resonar-en-estar-juntos y está dirigido a cultivar nuestra profundidad interior.

Con todo esto en mente, tengo la esperanza de que nuevas ideas, procedimientos y ejercicios serán desarrollados pronto y que usted, el lector, explorará este nuevo formato a su propia manera y ayudará a desarrollarlo. Estaré encantado de escuchar de usted y sobre sus experimentos, sus nuevas ideas y técnicas. La filosofía se ocupa de reconocer territorios inexplorados. El companionship filosófico es un territorio de ese tipo y yo lo invito a tomar parte en la travesía.

Ran Lahav
Febrero de 2016, Vermont, EEUU

www.ingramcontent.com/pod-product-compliance
Lightning Source LLC
Chambersburg PA
CBHW071540080526
44588CB00011B/1736